SEGUNDA EDICIÓN

TEORÍA MUSICAL para Niños

1

Nombre y Apellidos: . . . .

Dirección: . . . .

Teléfono: . . . .

YING YING NG

Published by:

POCO STUDIO

Poco Studio Sdn Bhd (646228-V)
B-2-8, IOI Boulevard, Jalan Kenari 5, Bandar Puchong Jaya, 47170 Puchong, Selangor, Malaysia
Tel/Fax: +603 8074 0086 | Mobile: +6013-6185289 (WhatsApp) | Email: poco_studio@yahoo.co.uk | pocostudio.org | facebook.com/pocostudio

Copyright 2015 © by Poco Studio Sdn Bhd
Translated with the help of PILES
Spanish translation copyright © 2015 by Poco Studio Sdn Bhd

Printed in Malaysia

ISBN: 978-967-12504-7-1

Estimados profesores y padres

La colección "Teoría Musical para Niños" consta de cuatro libros derivados de la colección "Teoría Musical para Jóvenes Músicos." Con la intención de mostrar los aspectos fundamentales de la teoría musical de un modo ameno y novedoso, esta metodología ofrece sus contenidos de manera acorde a la edad del joven estudiante, a fin de obtener los mejores resultados. Basada en una experiencia de diez años y de comprobada eficacia en los mercados internacionales, su novedoso contendido ha sido objeto de diversas revisiones, mostrándose ahora más atractivo gracias a las ilustraciones y a las pegatinas, así como a los ejercicios que a buen seguro despertarán y desarrollarán en el niño el interés por la música. Esperamos que este método sea de su agrado.

Con mis mejores deseos
Ying Ying Ng

Lo que dicen los expertos...

La colección "Teoría Musical para Niños" convencerá plenamente a profesores y padres, conscientes de la importancia de un aprendizaje práctico y progresivo, basado en los fundamentos teóricos necesarios. Desde el primer momento, esta metodología en cuatro niveles introduce los contenidos nuevos mediante un conjunto de actividades (ejercicios) que fomentan la creatividad del joven. Esta serie también sirve para repasar los conocimientos básicos, independientemente de la edad del estudiante de música.

Tengo el gusto de recomendarles esta nueva y excitante colección, y felicito a Ying Ying Ng por su magnífica labor.

Ita Beausang
Profesora de Teoría Musical del Conservatorio de Música de Dublín (Irlanda)

No ha de sorprender que esta nueva colección de libros teóricos para niños de Ying Ying Ng no sea únicamente innovadora y atractiva, sino también muy apropiada para la enseñanza. Ying Ying recibió un premio especial al licenciarse en el Conservatorio de Dublín por su enfoque pedagógico. Este premio lo reciben únicamente aquellos que poseen un talento especial para transmitir ideas y motivar al estudiante.

Los libros de teoría musical más antiguos y tradicionales frenan el avance del niño. ¡Si fuera otra vez niña, me encantaría aprender la teoría musical con una metodología tan divertida! No dudo ni un momento en recomendar esta colección.

Margaret O'Sullivan Farrel
Profesora de Piano del Conservatorio de Música de Dublín (Irlanda)

ÍNDICE

Pon las pegatinas de las teclas negras.

El teclado del piano consta de grupos de dos teclas negras y grupos de tres teclas negras.

FA

SI RESOL LA DOMI

4

Rodea con un círculo cada grupo de dos teclas negras. **Repasa** los nombres de las notas DO RE MI.

DO RE MI   DO RE MI

Rodea con un círculo los grupos de tres teclas negras. **Repasa** los nombres de las notas FA SOL LA SI.

FA SOL LA SI   FA SOL LA SI

Repasa las notas. **Pon** las pegatinas con los nombres de las notas correctas.

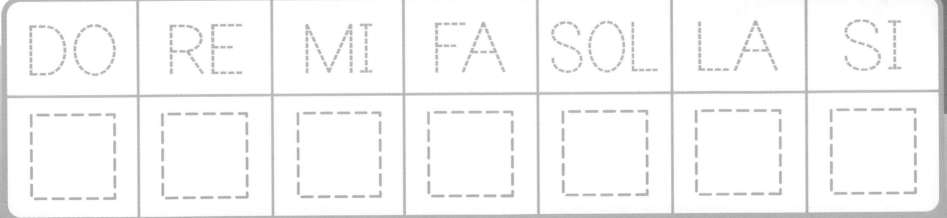

DO	RE	MI	FA	SOL	LA	SI

Pon las pegatinas con los nombres las notas correctas en cada casilla.

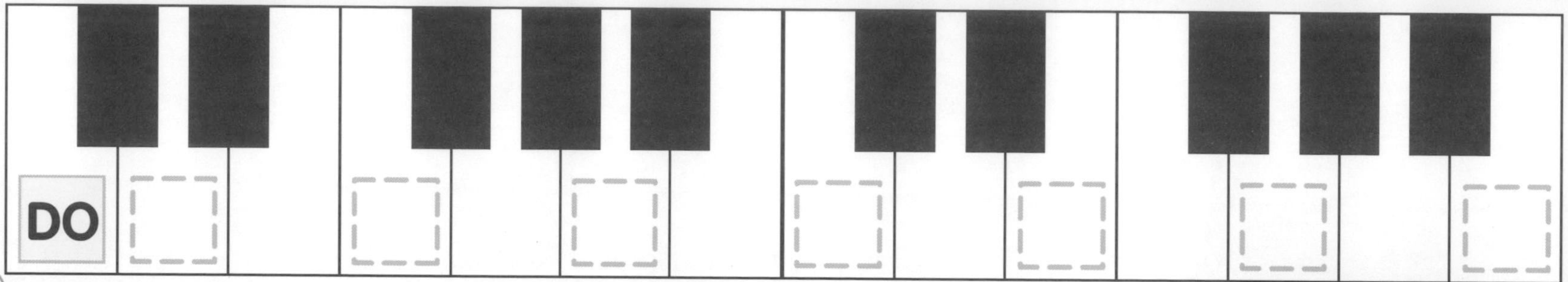

DO

6

Pon las pegatinas con los nombres las notas correspondientes a las teclas coloreadas.

Los nombres de las notas

Pon las pegatinas con los nombres de las notas que faltan.

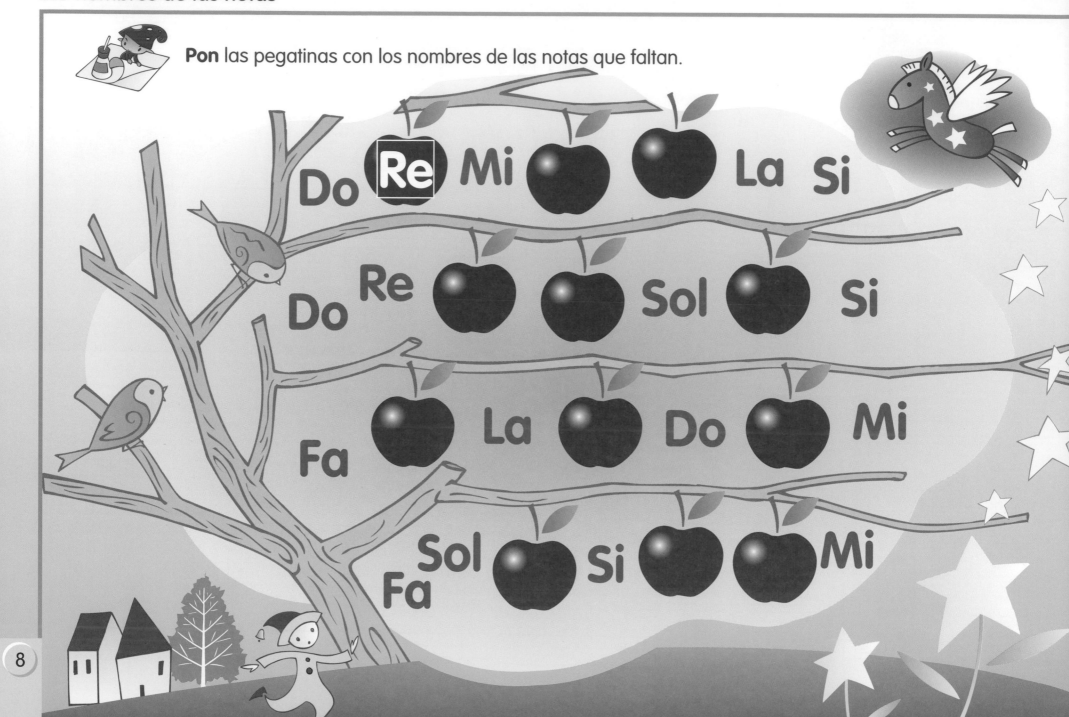

Repasa y **escribe** los nombres de las notas.

Do	Re	Mi	Fa	Sol	La	Si

Repasa las claves. **Colorea** el número de cada dedo.

Mano izquierda

4 3 2 5 1

Clave de Fa

Mano derecha

2 3 4 1 5

Clave de Sol

Dibuja los contornos de tu mano izquierda y mano derecha. **Pon** las pegatinas de los números en cada dedo.

Mano izquierda

Mano derecha

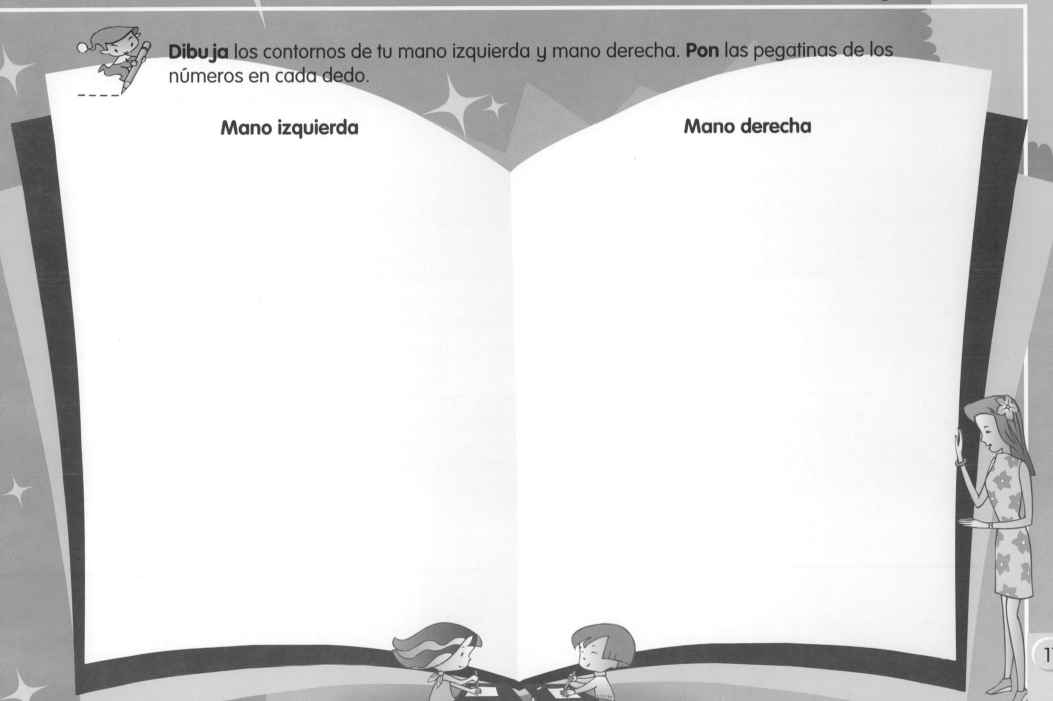

Pon las pegatinas de la clave correcta en cada mano.

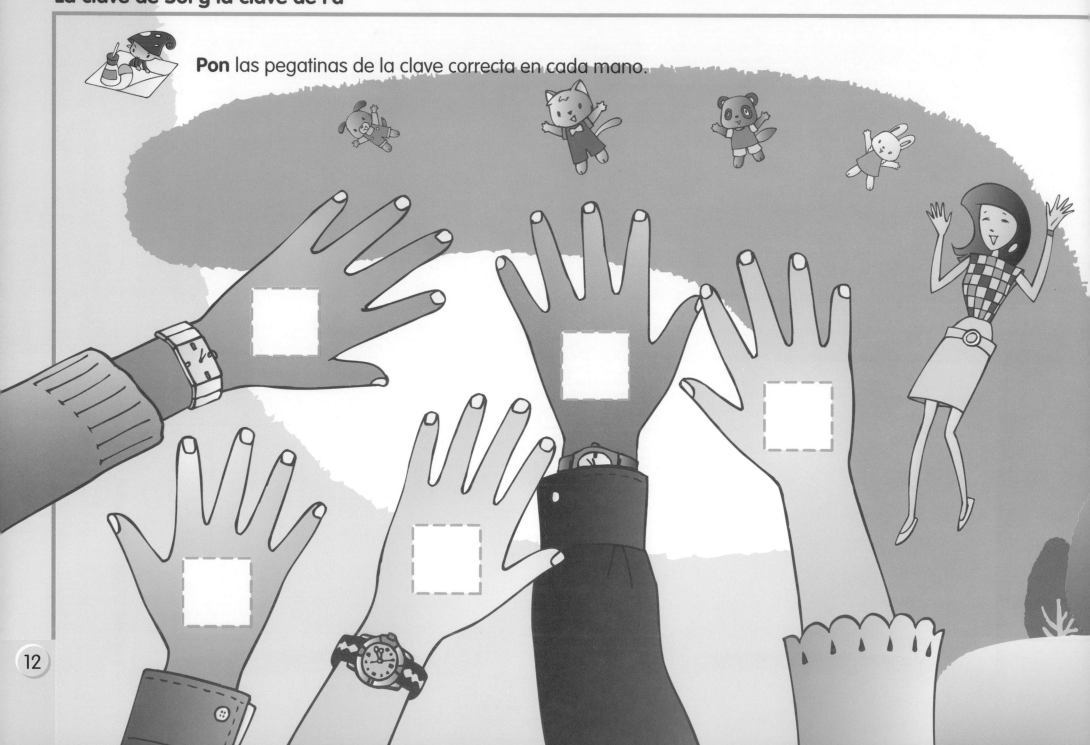

Repasa las claves de Sol.

Pon las pegatinas de las claves.

Repasa las claves de Fa.

Clave de Fa

Clave de Sol

Clave de Fa

Clave de Sol

Pon las pegatinas de los valores de las figuras.

Nombre de la figura	redonda	blanca	negra
Figura	o	♩	♩
Unidad de tiempo			

Rodea con un círculo las figuras correctas.

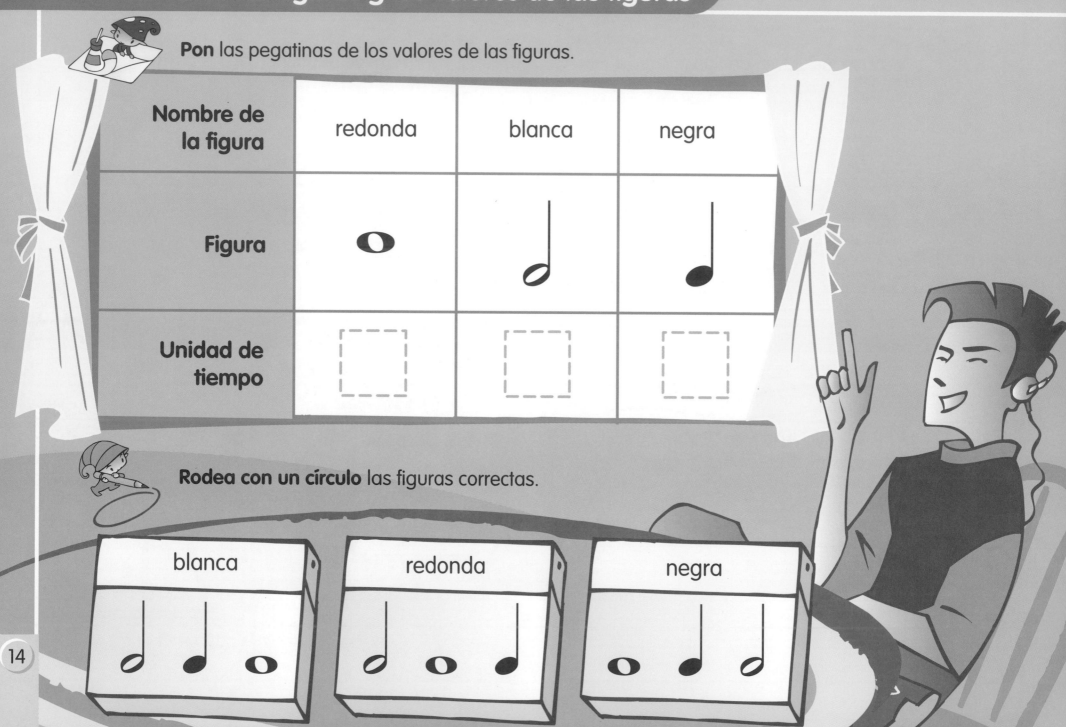

blanca

redonda

negra

14

Colorea las figuras idénticas.

Repasa las figuras y los nombres de las figuras

Redonda

Redonda

blanca

blanca

negra

negra

16

Pon las pegatinas de las figuras correctas y de sus nombres.

blanca

Rodea con un círculo el número correcto de flores para que concuerde con el valor de cada figura y **pon** las pegatinas con los nombres de las figuras.

Redonda

Colorea los valores correctos de las figuras para cada figura.

1   2   4

1   2   4

1   2   4

1   2   4

Escribe los valores de las figuras.

Figura	♩	o	♩	♩	o	♩
Valor de la figura						

19

Blanca con puntillo

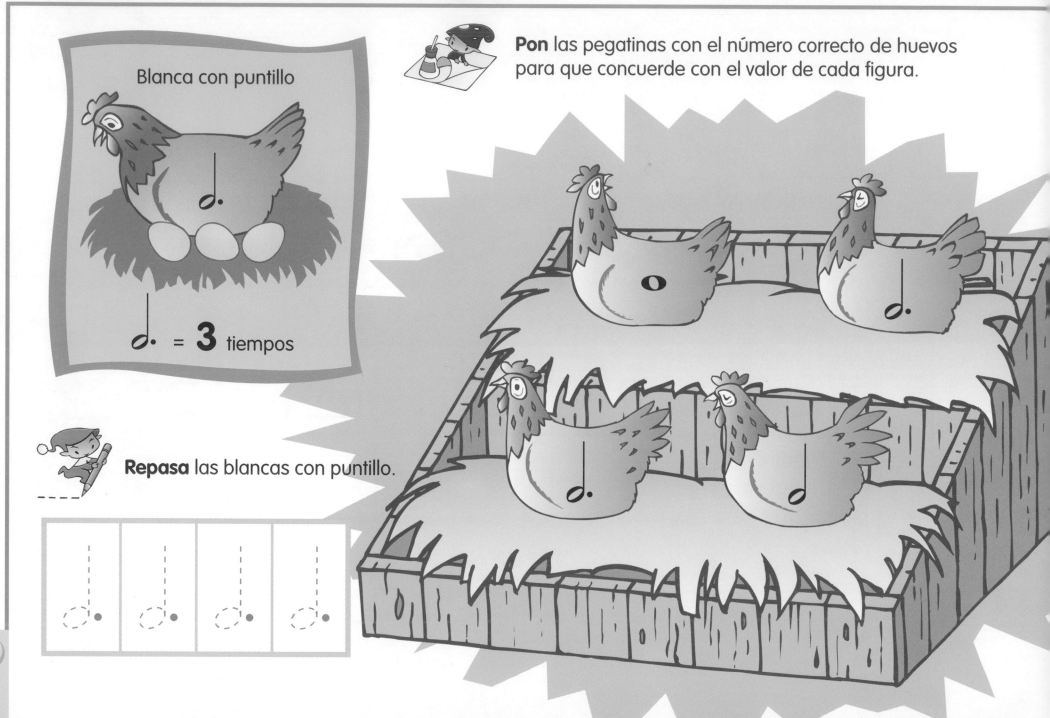

♩. = **3** tiempos

Pon las pegatinas con el número correcto de huevos para que concuerde con el valor de cada figura.

Repasa las blancas con puntillo.

Colorea las figuras correctas.

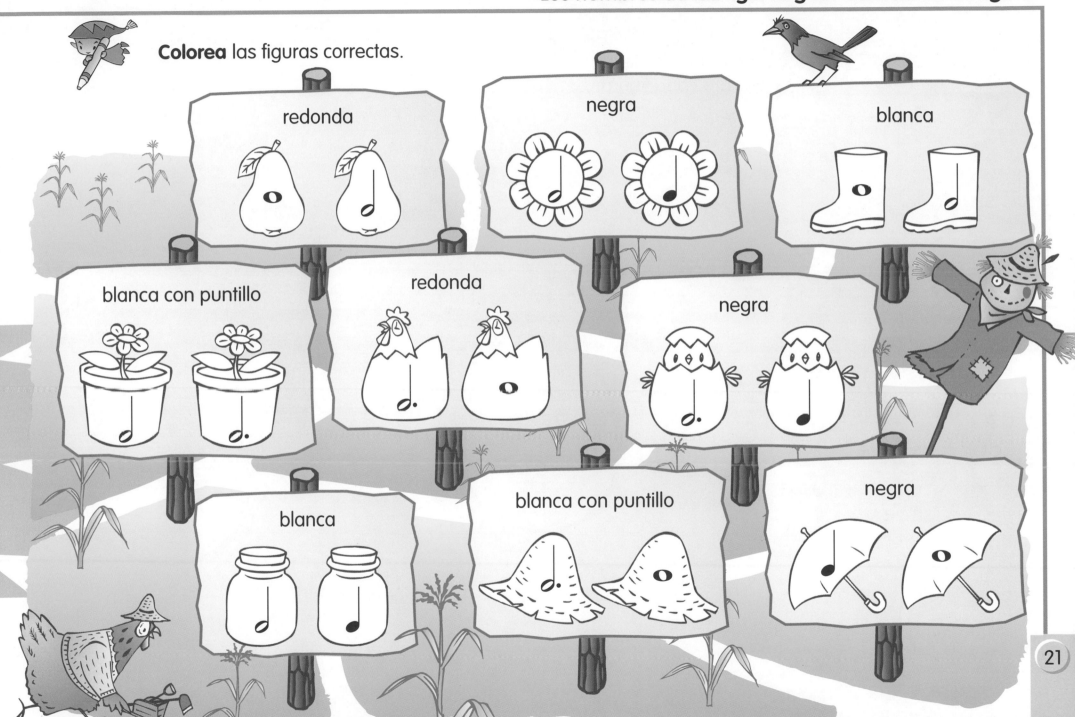

redonda

negra

blanca

blanca con puntillo

redonda

negra

blanca

blanca con puntillo

negra

21

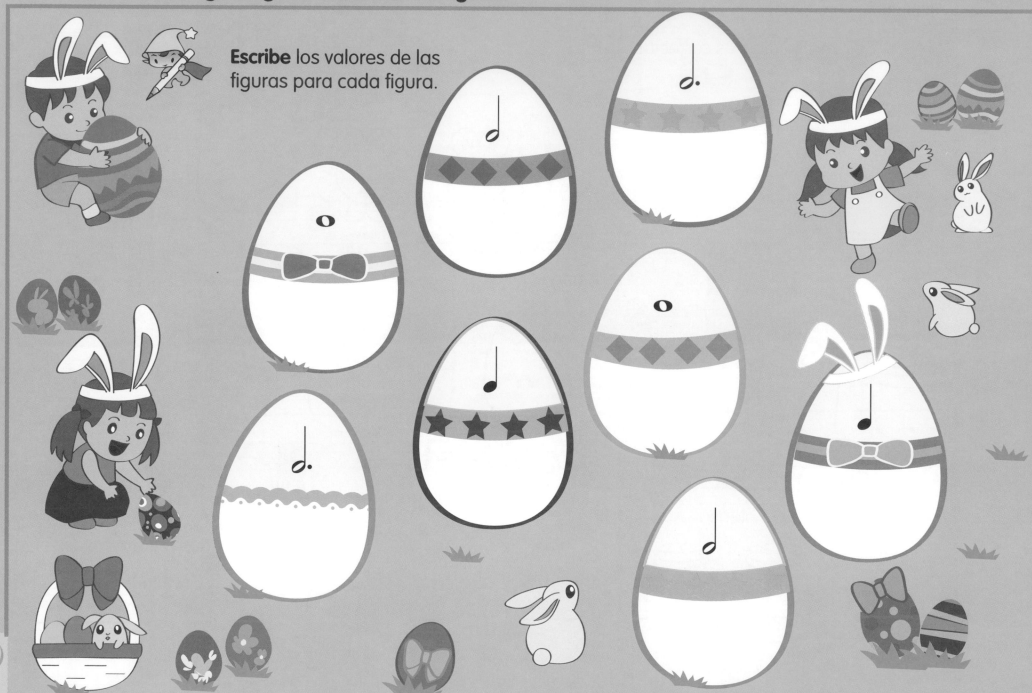

Escribe los valores de las figuras para cada figura.

Rodea con un círculo la figura de mayor duración.

Rodea con un círculo la figura de menor duración.

Pon las pegatinas de las figuras de mayor a menor duración.

Pon las pegatinas de las figuras de menor a mayor duración.

Los nombres de las figuras y los valores de las figuras

Repasa y **copia** los nombres de las figuras.

o	𝅗𝅥.	𝅗𝅥	𝅘𝅥
redonda	blanca con puntillo	blanca	negra
redonda	blanca con puntillo	blanca	negra

24

Colorea los nombres de las figuras correctas para cada figura.

negra

negra

blanca con puntillo

blanca con puntillo

blanca

blanca

redonda

redonda

Escribe los nombres de las figuras y los valores de las figuras para cada figura.

26

Colorea el dibujo con los colores indicados.

2 tiempos
3 tiempos
4 tiempos

27

Las notas en las líneas y las notas en los espacios

Pon dos pegatinas en cada línea.

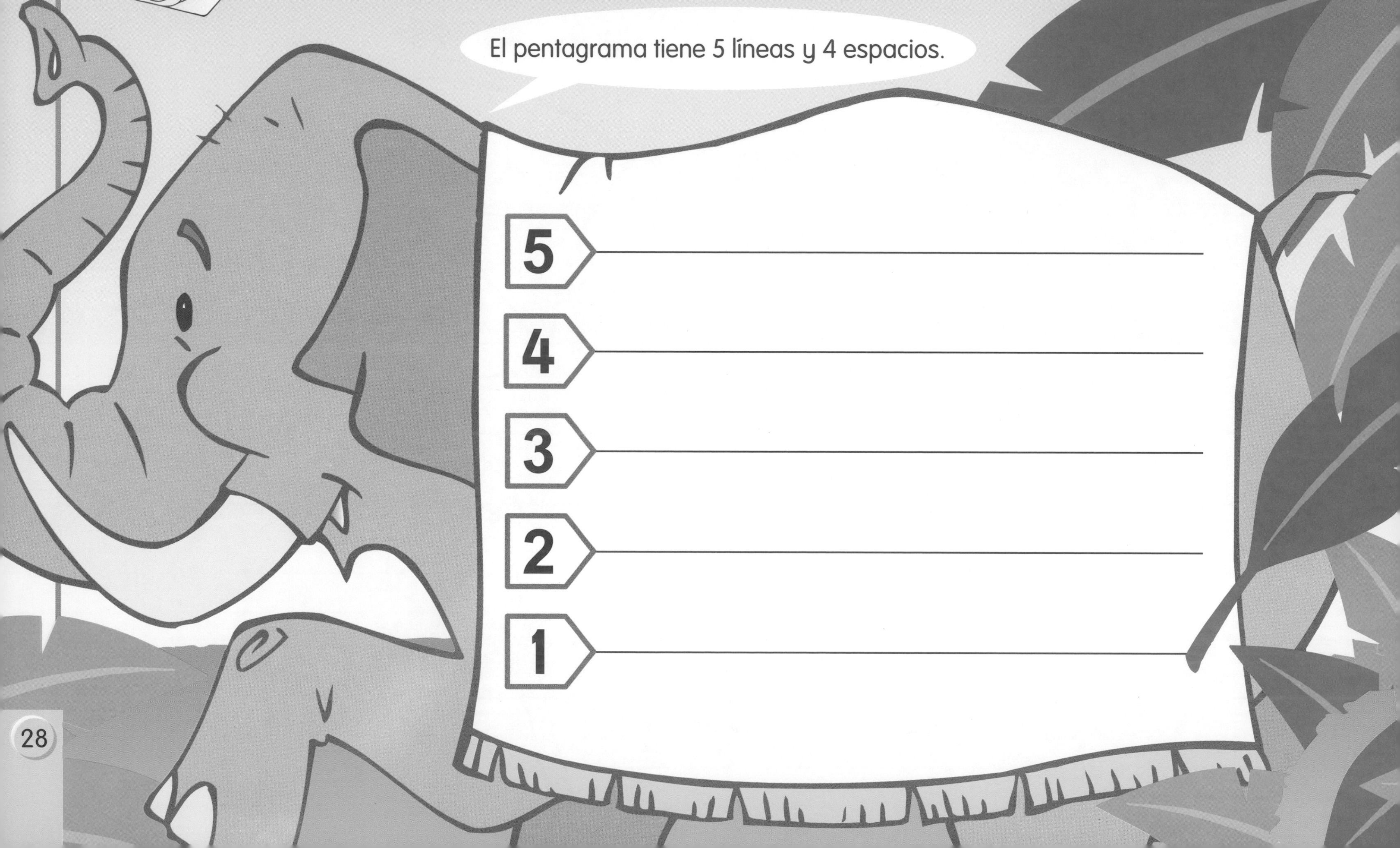

El pentagrama tiene 5 líneas y 4 espacios.
5
4
3
2
1

Pon dos pegatinas en cada espacio.

4

3

2

1

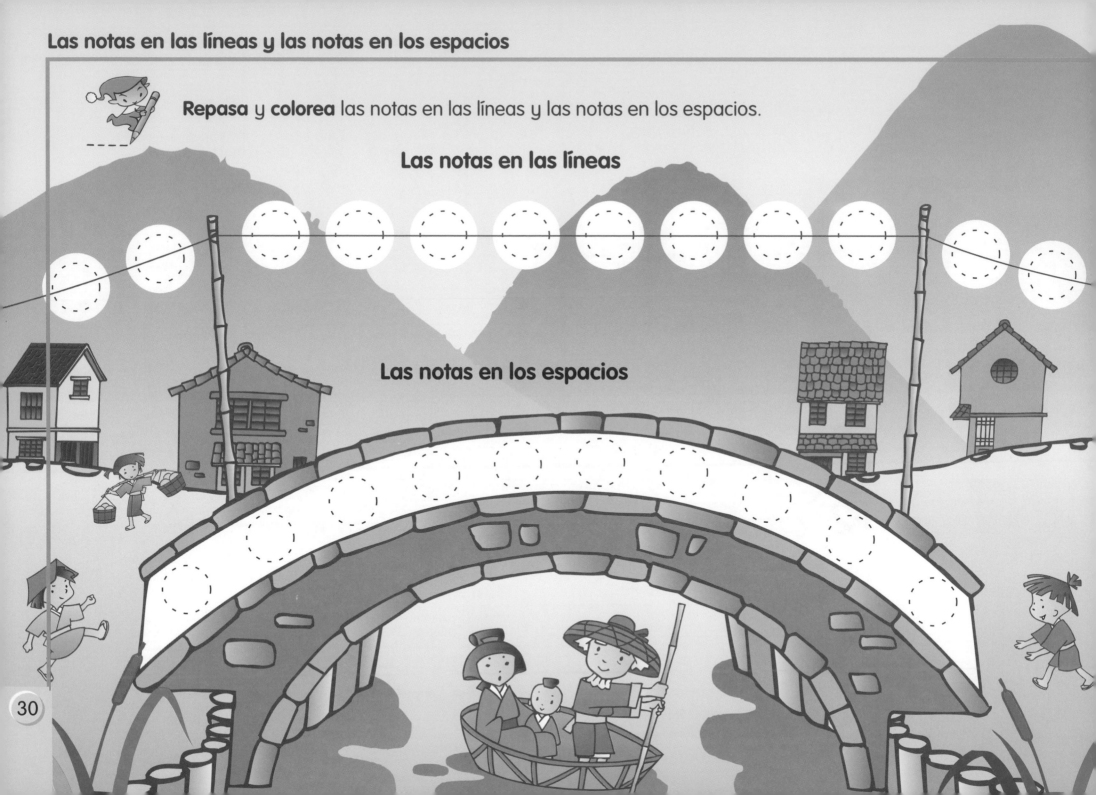

Repasa y **colorea** las notas en las líneas y las notas en los espacios.

Las notas en las líneas

Las notas en los espacios

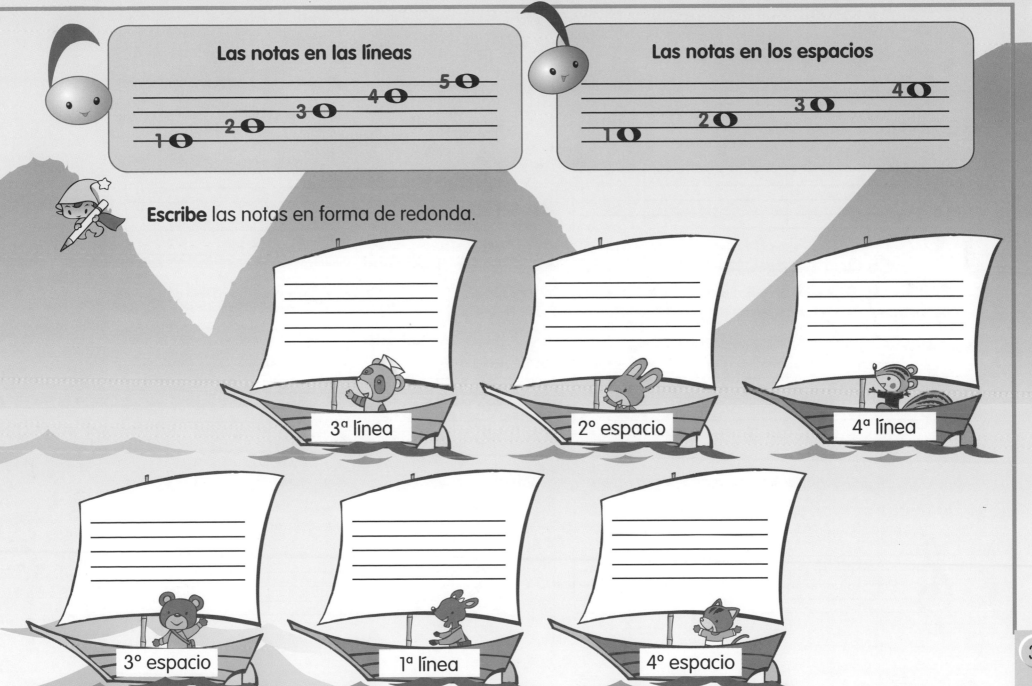

Las notas en las líneas

Las notas en los espacios

Escribe las notas en forma de redonda.

3ª línea

2º espacio

4ª línea

3º espacio

1ª línea

4º espacio

31

Repasa y **escribe** las notas.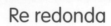

Do redonda

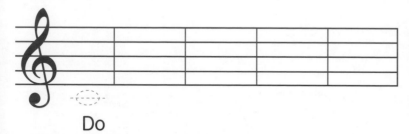

Do

Re redonda

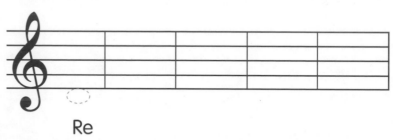

Re

Do blanca

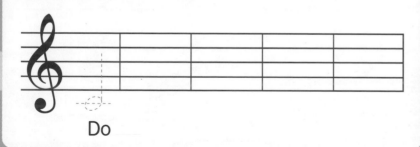

Do

Re blanca

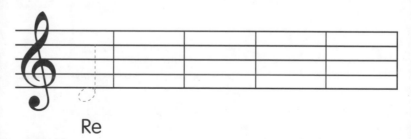

Re

Do negra

Do

Re negra

Re

Colorea la nota Do.

Colorea la nota Re.

Pon las pegatinas de las notas.

Re redonda

Do negra

Re blanca

Do blanca
con puntillo

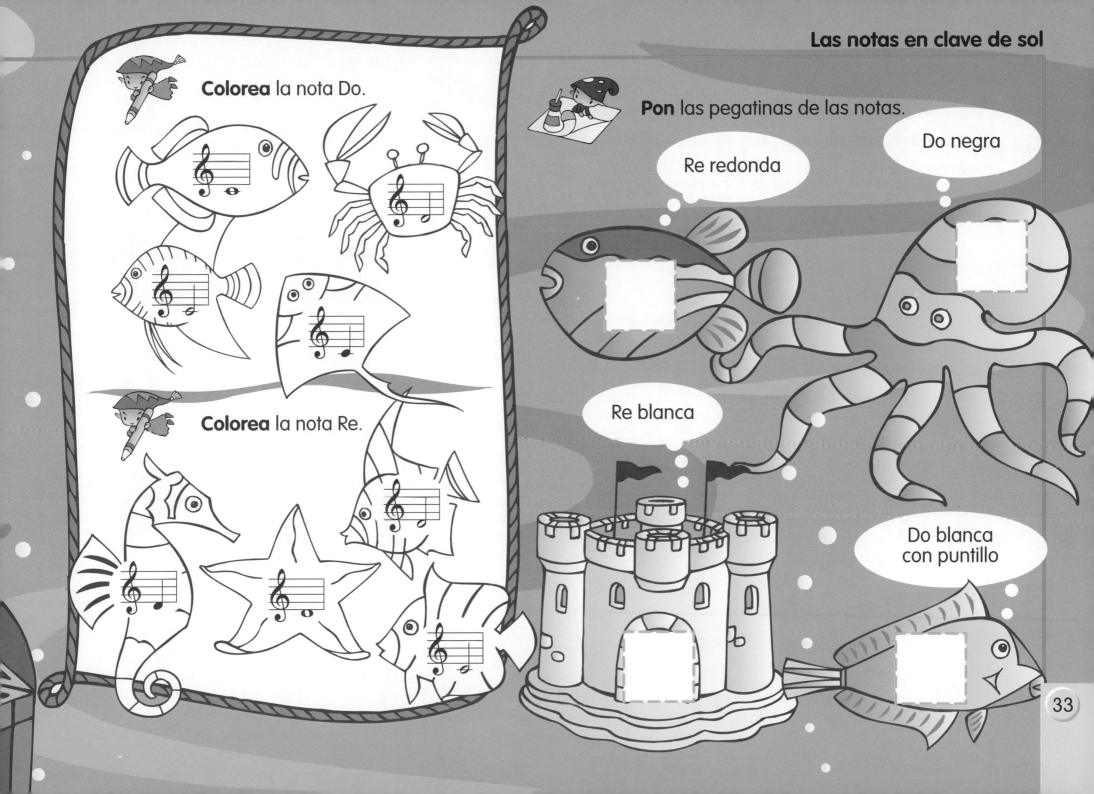

Las notas en clave de sol

Repasa y **escribe** las notas.

Mi redonda

Mi

Mi blanca

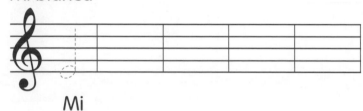

Mi

Mi negra

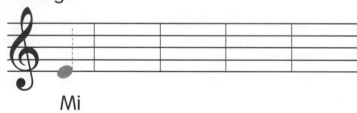

Mi

Colorea la nota Mi.

Une con una línea cada grupo de notas con los nombres de las notas correctas.

34

Escribe las notas en forma de redondas.

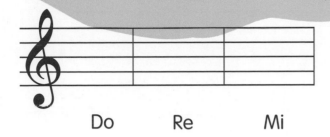

Do   Re   Mi

Escribe las notas en forma de blancas.

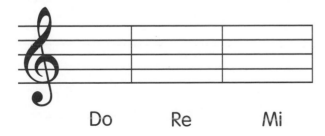

Do   Re   Mi

Escribe las notas en forma de negras.

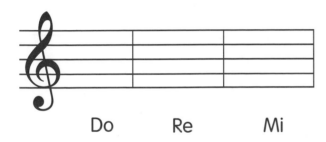

Do   Re   Mi

Colorea los nombres de las figuras y nombres de las notas correctas para cada nota.

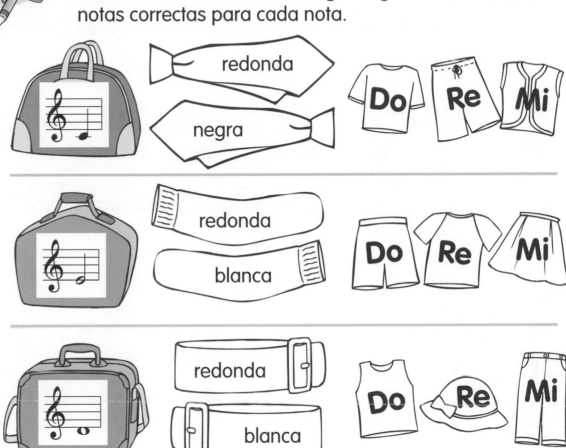

redonda

negra

Do   Re   Mi

redonda

blanca

Do   Re   Mi

redonda

blanca

Do   Re   Mi

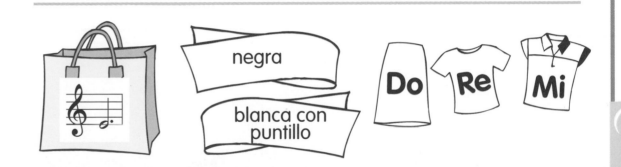

negra

blanca con puntillo

Do   Re   Mi

Repasa y **escribe** las notas.

Fa redonda

Fa

Fa blanca

Fa

Fa negra

Fa

Sol redonda

Sol

Sol blanca

Sol

Sol negra

Sol

Pon las pegatinas en las casillas correctas.

Nota	Nombres de las figuras				Nombres de las notas	
	negra	blanca	blanca con puntillo	redonda	Fa	Sol

37

Escribe las notas en forma de redondas.

Do   Re   Mi   Fa   Sol

Escribe las notas en forma de blancas.

Do   Re   Mi   Fa   Sol

Escribe las notas en forma de negras.

Do   Re   Mi   Fa   Sol

Rodea con un círculo los nombres de las notas correctas para cada nota.

Do Re (Mi) Fa Sol

Do Re Mi Fa Sol

Do Re Mi Fa Sol

Do Re Mi Fa Sol

Do Re Mi Fa Sol

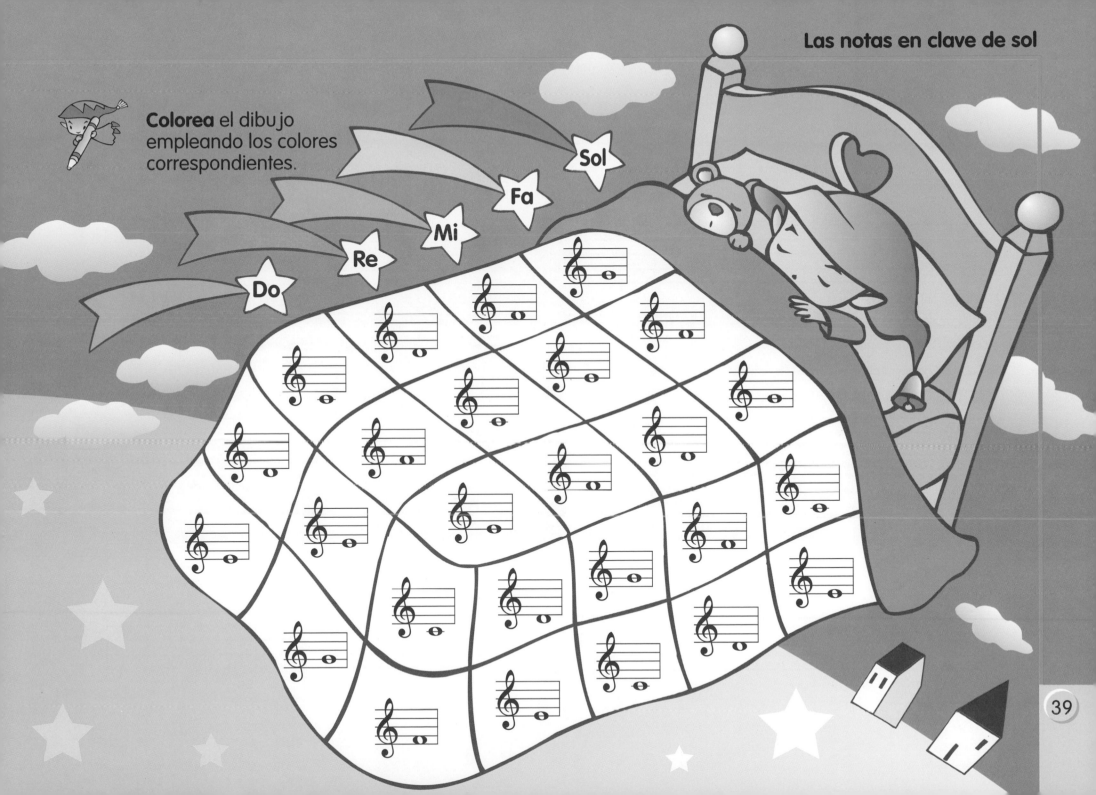

Colorea el dibujo empleando los colores correspondientes.

Do Re Mi Fa Sol

Repasa y **escribe** las notas.

Do redonda

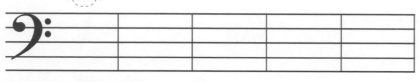

Do

Si redonda

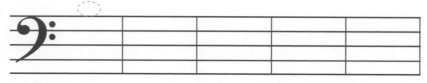

Si

Do blanca

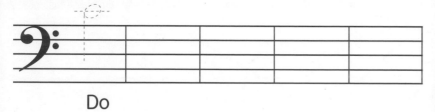

Do

Si blanca

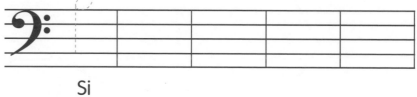

Si

Do negra

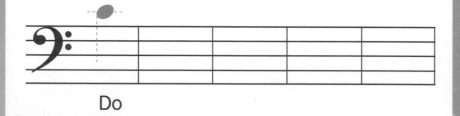

Do

Si negra

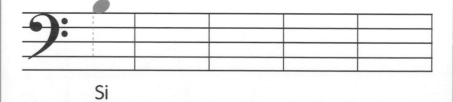

Si

Colorea la nota Do.

Colorea la nota Si.

Pon las pegatinas de las notas.

Si negra

Si redonda

Do blanca con puntillo

Do blanca

41

Las notas en clave de fa

Repasa y **escribe** las notas.

La redonda

La

La blanca

La

La negra

La

Rodea con un círculo la nota La.

Pon las pegatinas de las notas.

La blanca

La negra

La redonda

La blanca
con puntillo

 Colorea la tecla correcta para cada nota.

Escribe las notas en forma de redondas.

La   Si   Do

Escribe las notas en forma de blancas.

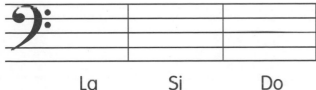

La   Si   Do

Escribe las notas en forma de negras.

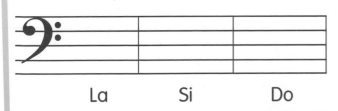

La   Si   Do

 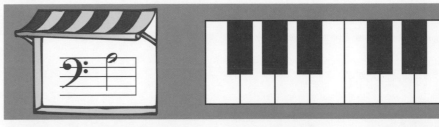

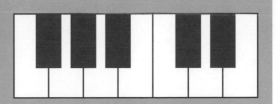

 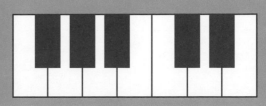

Repasa y escribe las notas.

Sol redonda

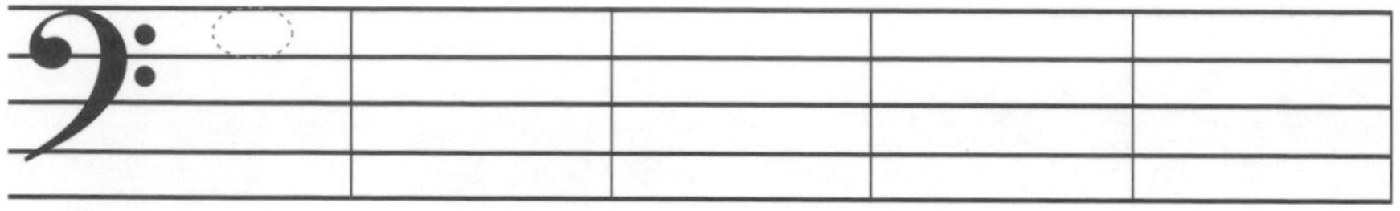

Sol

Fa redonda

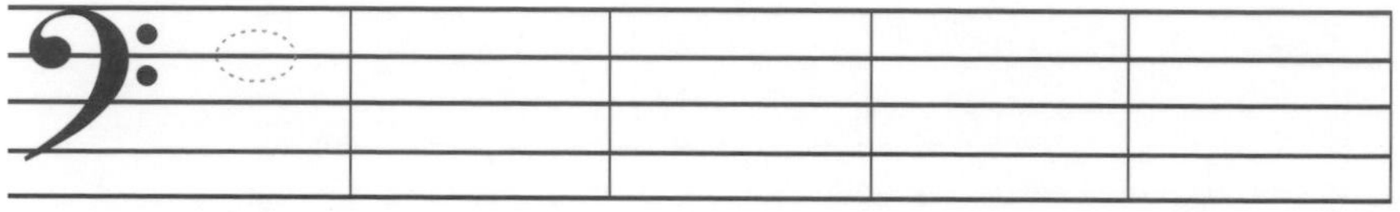

Fa

Sol blanca

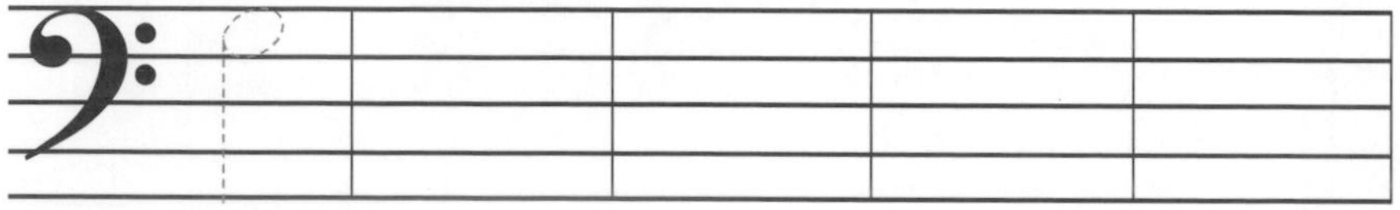

Sol

Fa blanca

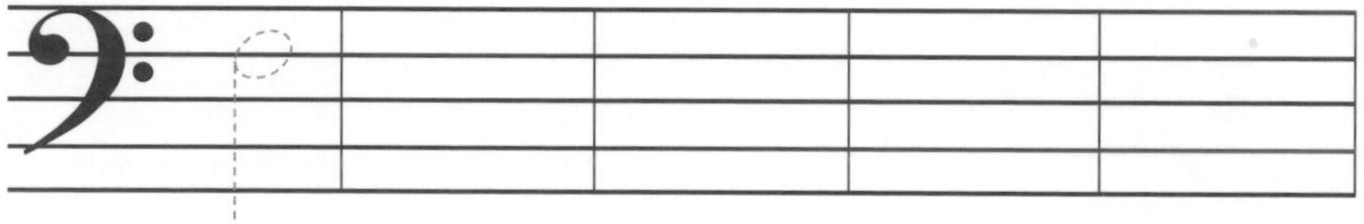

Fa

Sol negra

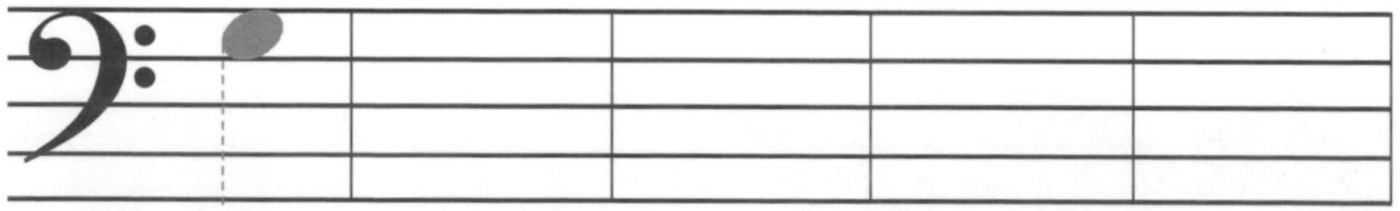

Sol

Fa negra

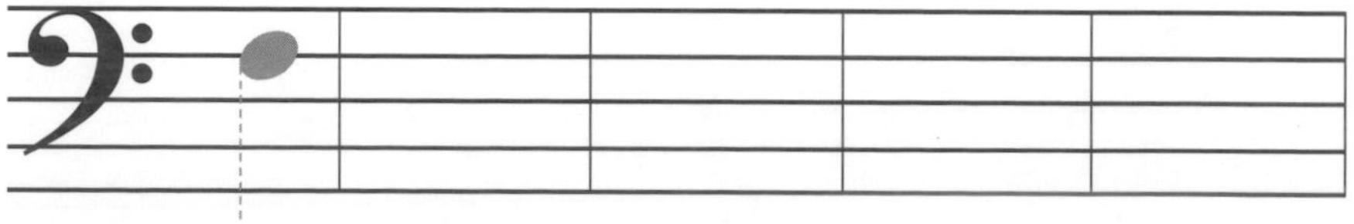

Fa

44

Pon las pegatinas de los nombres de las notas y de los valores de las figuras.

Escribe las notas en forma de redondas.

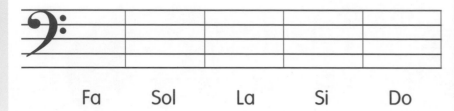

Fa   Sol   La   Si   Do

Escribe las notas en forma de blancas.

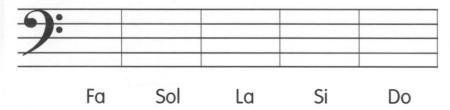

Fa   Sol   La   Si   Do

Escribe las notas en forma de negras.

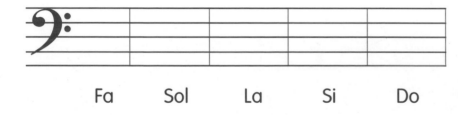

Fa   Sol   La   Si   Do

Escribe las notas.

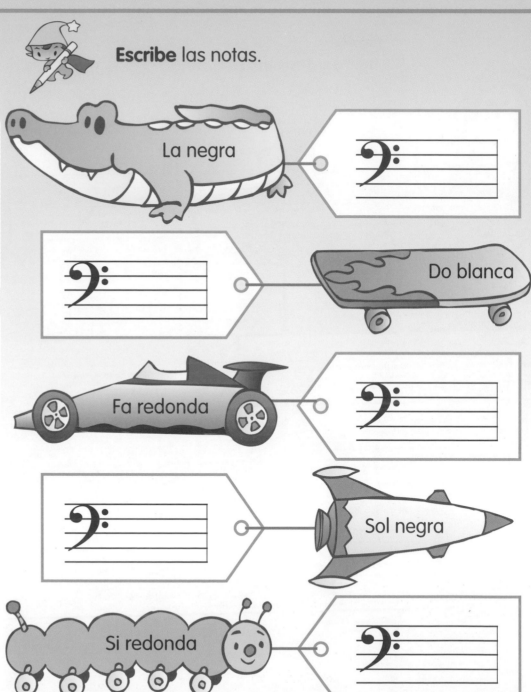

La negra

Do blanca

Fa redonda

Sol negra

Si redonda

Colorea el dibujo empleando los colores correspondientes.

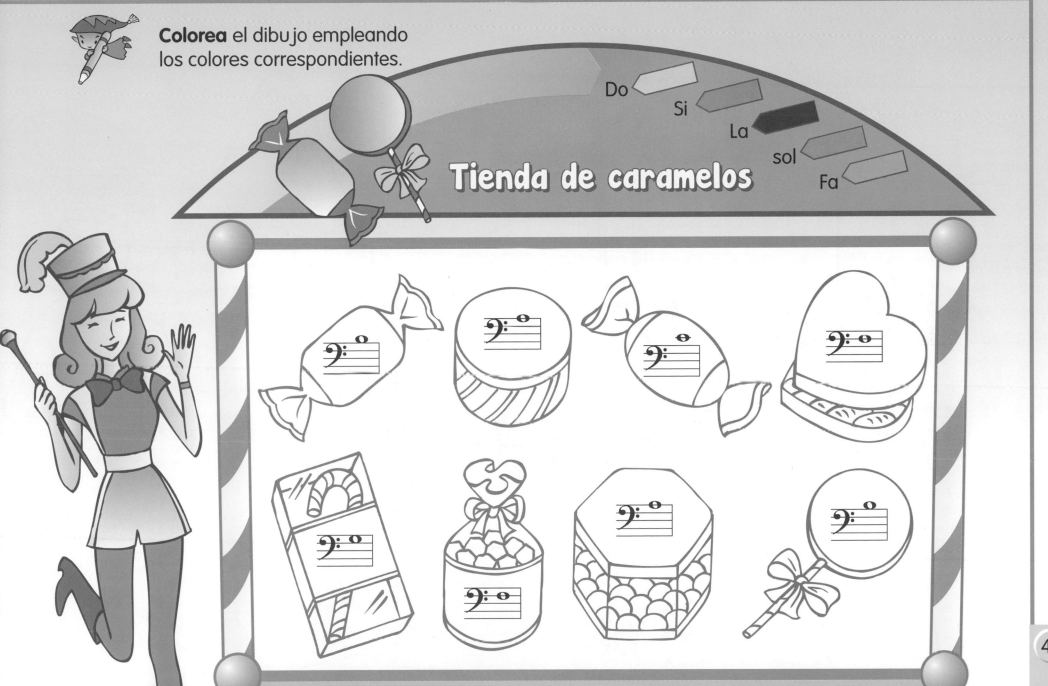

Tienda de caramelos

Do
Si
La
sol
Fa

Pon las pegatinas de las claves correctas.

48

1. **Escribe** las notas en forma de redondas. 20

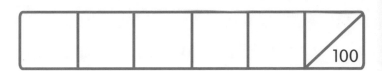
100

 **Do**    **Do**    **Mi**    **Sol**    **Re**

 **Sol**    **Fa**    **La**    **Fa**    **Si**

100 ⭐⭐⭐⭐⭐
90 ⭐⭐⭐⭐
80 ⭐⭐⭐
70 ⭐⭐
60 ⭐

2. **Rodea** con un círculo los valores correctos de las figuras para cada figura. 12

 **1   2   3   4**

 1   2   3   4

 **1   2   3   4**

 1   2   3   4

3. En cada uno de los ejemplos, **rodea** con un círculo la nota más grave y **escribe** el nombre de la nota.

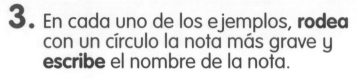

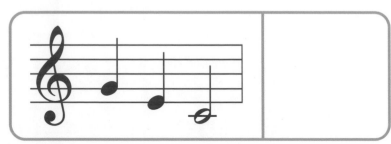

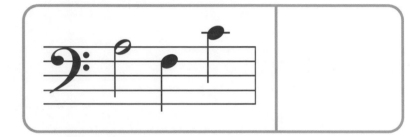

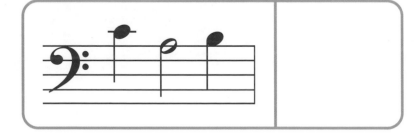

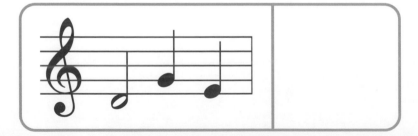

4. En cada uno de los ejemplos, **rodea** con un círculo la nota más aguda y **escribe** el nombre de la nota.

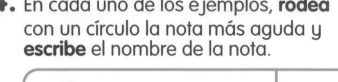

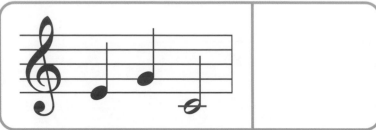

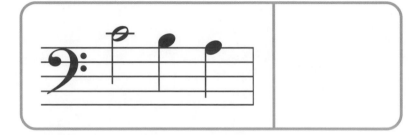

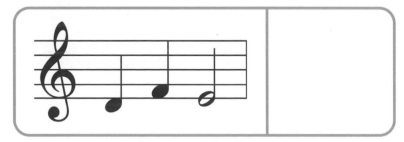

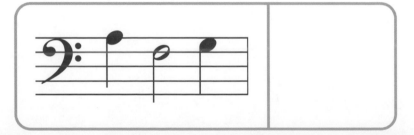

5. **Escribe** las notas.  20

 Mi negra

 Re blanca

 Sol negra

 Fa redonda

 Do blanca

 Mi blanca

 Fa negra

 Sol blanca

 La negra

 Do redonda

6. Escribe en las casillas los términos correctos de la tabla. ⟋ 24

pentagrama	clave de sol	las claves	clave de fa
negra	redonda	blanca con puntillo	blanca